AF189367

So lebt
Salzburg

*Der perfekte Reiseführer für einen unvergessli-
chen Aufenthalt in Salzburg inkl. Insider-
Tipps, Tipps zum Geldsparen und Packliste*

Miriam Hoppen

✈ INHALT

Salzburg

S alzburg, die malerische Stadt an der Salzach, ist die Landeshauptstadt des umliegenden, gleichnamigen Bundeslandes in Österreich. In der viertgrößten Stadt Österreichs vereinen sich verschiedene Gebäude unterschiedlichster Baustile und aus diversen historischen Vergangenheiten zu einer atemberaubenden Kulisse. Die charmanten Gässchen, die unterschiedlichen architektonischen Meisterwerke und die wunderschöne Umgebung führten auch dazu, dass Salzburg 1996 zu einem U-NESCO Weltkulturerbe erklärt wurde.

Mit 153.000 Einwohnern hat Salzburg einerseits

den Charme einer Kleinstadt, andererseits aber auch die Strukturen und Einrichtungen einer Großstadt. In der Stadt mit dem ältesten Christkindlmarkt Österreichs, aus dem 15. Jahrhundert, wird immer etwas geboten. Sowohl Gäste als auch Einwohner kommen hier auf ihre Kosten. Sei es die romantisch-verspielte Seite Salzburgs, die viele so fasziniert, oder auch die Konzentration auf den „Star Salzburgs", die viele Menschen in diese kleine Weltstadt treibt: Am Ende findet jeder etwas in Salzburg, was er an dieser Stadt lieben wird.

EIN GROBER ÜBERBLICK ÜBER DIE GESCHICHTE SALZBURGS

Schon in der mittleren Steinzeit wurden keltische Siedlungen im Stadtgebiet Salzburg nachgewiesen, welche aber im Jahr 15 v. Chr. durch eine von Römern geplante Siedlung, namens Iuvavum, ersetzt wurde. Das Territorium, welches der Stadtverwaltung von Iuvavum unterstellt war, umfasste insgesamt mehr Raum als das heutige Bundesland Salzburg. Gegen Ende des siebten Jahrhunderts kam der Gründerheiliger Bischof Rupert aus Worms nach

Salzburg und baute zu der Zeit den ersten Dom, der aber 1167 Flammen zum Opfer fiel. Ebenfalls zu der Zeit 713/15 n. Chr. wurde das Nonntaler Kloster, als zeitweiliger Sitz der Agilolfinger, einer mächtigen Adelsfamilie, erbaut und etwa 26 Jahre später, im Jahre 739, wurde Salzburg zum Bischofssitz erklärt. Der Name "Salzburg" tauchte erstmals gegen 755 n. Chr. auf, in einer Lebensbeschreibung des Hl. Bonifatius. Im frühen Mittelalter wurde die wirtschaftliche und auch politische Bedeutung des Namens deutlich. Der Namensteil "Salz" deutet auf die Wichtigkeit der Stadt in dem Verkauf des "weißen Goldes" aus Reichenhall hin. Große Teile des Salzes jedoch waren Schenkungen bayerischer Herzöge an die Kirche, was insgesamt den wirtschaftlichen Grundstein für Salzburgs späteren Reichtum legte. Als zweiter Teil des Namens beschreibt das Wort "Burg" den oben erwähnten Herzogssitz der Agilolfinger in Salzburg. (Vgl. https://www.stadt-salzburg.at/internet/bildung_kultur/stadtgeschichte/salzpurc_salzburg_392584.htm)

Die Entwicklung Salzburgs zu einer Bürgerstadt wurde 996 n. Chr. durch die Verleihung des Markt-, Münz- und Mautrechtes angeregt.

Während des nachfolgenden Investiturstreits, einem Streit zwischen weltlicher und geistlicher Macht während des 11. und 12. Jahrhunderts, stellte sich der regierende Erzbischof auf die Seite Roms. Rund 90 Jahre später wird – wegen einer weiteren Positionierung Salzburgs zu Rom – die gesamte Stadt, inklusive des Doms, von Kaiser Friedrich Barbarossa niedergebrannt. In dem zeitlichen Rahmen beginnt der Bau der ersten bekannten Stadtmauer. Die Festung Hohensalzburg findet in diesem Zeitraum ebenfalls das erste Mal urkundliche Erwähnung. 1177 schließen die beiden streitenden Parteien in Venedig Frieden und der Aufbau Salzburgs beginnt. Während des 12. Jahrhunderts siedeln sich auch immer mehr Händler und Kaufleute an. Der Waagplatz, der älteste Platz Salzburgs, diente damals als Marktplatz und zur Ansiedlung von Kaufleuten und Händlern. Rechtlich gesehen wurde Salzburg erst 1287 durch das verliehene Stadtrecht offiziell zur Stadt erklärt. Bis in das 14. Jahrhundert gehörte Salzburg offiziell zu Bayern und wurde auch von vielen bayerischen Bürgern bewohnt. Als Kleinstaat von Rom wird die Stadt Salzburg offiziell nach der Trennung von Bayern zur Haupt- und

Residenzstadt des „Erzstiftes Salzburg" ernannt. Trotz des guten Handels und dem dadurch bedingten Reichtum und auch des Machtpotenzials mancher Bürger behält der Erzbischof als Stadtherr die Autonomie. Somit haben die Bürger und der Adel keinerlei Mitspracherecht und sie versuchen, dies durch den sogenannten "Igelbund" 1403 zu ändern, was aber ohne Erfolg bleibt. Der Streit um die bürgerliche Mitsprache dauert noch längere Zeit an. 1481 wird der Stadt dann schlussendlich doch das Recht auf die Wahl eines Stadtrates und eines Bürgermeisters durch Kaiser Friedrich den III. zugesprochen, was aber Erzbischof Leonhard von Keutschach 1511 durch einen Gewaltstreich annullieren lässt. Die Lage spitzt sich zu, als 1524 von Kardinal Matthäus die "Stadt- und Polizeiordnung" erlassen wird, welche die Stadtverwaltung – ohne bürgerlichen und adeligen Einbezug – bis 1803 regelt. Auch eine Belagerung der Festung Hohensalzburg durch Bauern bringt keine Veränderung. Während dieser Zeit wohnt und stirbt der bekannte Denker Theophrast von Hohenheim, genannt Paracelsus, in Salzburg.

Im Anschluss an die Regentschaft von Kardinal

Matthäus folgt Wolf Dietrich von Raitenau, welcher als begeisterter Anhänger des Absolutismus 1588 alle Protestanten aus Salzburg verbannte. Auch das mittelalterliche Ambiente der Innenstadt schien ihm nicht zu gefallen, da er nach und nach die Gebäude durch frühbarocke Immobilien ersetzen ließ. Repräsentative Bauwerke aus der Feder italienischer Architekten schmücken bis heute das Stadtbild und prägen das Panorama Salzburgs nachhaltig. Viele, der zu der Zeit errichteten Bauten, sind bis heute wichtige Bestandteile der imposanten Salzburger Altstadt. Während dieser Umgestaltungsmaßnahmen im 16. Jahrhundert werden auch die Befestigungsanlagen und Schutzmechanismen Salzburgs ausgebaut. Grund für den Ausbau und die Entwicklung der sogenannten "Festungsstadt" ist der Dreißigjährige Krieg. Erzbischof Paris Lodron kümmerte sich um die Aufrüstung und gründet 1622/23 die Benediktineruniversität, die beinahe 200 Jahre lang, bis zu ihrer Auflösung 1810, zu einer der meistbesuchten Universitäten im deutschsprachigen Raum zählte. 1962 wird der universitäre Betrieb wieder aufgenommen und befindet sich seitdem in staatlicher Hand.

Im Jahr 1756 wird dann einer der berühmtesten Söhne der Stadt geboren: Wolfgang Amadeus Mozart, welcher von 1772 bis 1781 die Stelle des Konzertmeisters der Hofkapelle innehatte und auch als Hof- und Domorganist arbeitete. Die Verehrung Mozarts und der sogenannte "Mozartkult" begannen aber erst gegen 1842 nach der Errichtung des Mozart Denkmals. Bis heute ist Mozart und der damit verbundene Kult ein Hauptgrund für den Besuch vieler Touristen.

Nach vielen Wirrungen und Streits wird Salzburg schließlich 1816 endgültig Österreich zugesprochen und übernimmt dort die Rolle einer Kreisstadt. 45 Jahre später erhält Salzburg einen eigenen Landtag und auch bautechnisch geschieht einiges: Die Salzach wird reguliert, die bereits vorhandenen Befestigungsanlagen werden geschliffen und 1860 wird der Bahnhof eröffnet. Mit dem Bau des Bahnhofs und dem Anschluss an den Zugverkehr nehmen auch der Tourismus und der gesamte Fremdenverkehr in Salzburg zu. Während dieser Zeit werden viele Hotels errichtet und auch der innerstädtische Verkehr wird ausgebaut. Auch andere große Bauprojekte wie der Bau von Schulen, dem Kurpark, des

Schlachthofes und des Kommunalfriedhofes machen aus der Stadt immer mehr eine Touristenstadt.

Die Festspiele gehören schon lange zu Salzburg. Der Ursprung der Festspiele liegt in dem Mozart-Musikfest aus dem 19. Jahrhundert. 1917 erfolgt die Gründung der Festspielhausgemeinde und drei Jahre später beginnen die Festspiele mit der Uraufführung von Hugo von Hoffmannsthals Stück "Jedermann". Die ersten Jahre, bis zum Bau und der Eröffnung des großen Festspielhauses 1960, werden die Festspiele in umgebauten Teilen des Marstalles ausgetragen. Mittlerweile ist das kleine Festspielhaus, in welchem die Festspiele ihren Anfang nahmen, zum "Haus für Mozart" umgebaut worden.

1939, während des Nationalsozialismus, wurden im Zuge des "Anschlusses Österreichs" an das nationalsozialistische Deutschland viele Gemeinden rund um Salzburg in die Stadt integriert. Im Kontext dessen wurde Salzburg auch gleichzeitig zur "Gauhauptstadt" erklärt: Das damalige republikanische Deutsche Reich war in 43 verschiedene Gaue unterteilt, mit den führenden "Gauleitern". Salzburg war ein solches Gau und hatte auch als Stadt die Rolle als Gauleiter.

Während der NS-Herrschaft in Salzburg fand eine große Bücherverbrennung statt. Kirchen wurden geschlossen, die Synagoge wurde im Zuge der "Reichskristallnacht" zerstört und Juden sowie auch andere politisch Verfolgte wurden verhaftet und deportiert. Auch Zwangsarbeiter wurden in Salzburg bei verschiedenen Bautätigkeiten und diversen Maßnahmen zur "Wirtschaftssicherung" eingesetzt: Der Bau der Staatsbrücke beispielsweise wurde durch Zwangsarbeiter vollzogen.

In den Folgejahren, während des Zweiten Weltkrieges, erlebte Salzburg insgesamt 15 US- amerikanische Luftbombenangriffe auf die Stadt, was insgesamt 547 Menschen das Leben kostete und 40 % der Gebäude teilweise schwer zerstörte. Viele Bauten in der Altstadt, unter anderem auch der berühmte Salzburger Dom oder das Wohnhaus von Mozart, trugen massive Schäden durch diese Angriffe davon.

In den folgenden Jahren wurden viele Gebäude in Salzburg wiedererrichtet, renoviert und die Schäden repariert. Viele Gedenktafeln an den Häusern – besonders in der Altstadt – erinnern bis heute an die großen Schäden, welche Salzburg durch den Krieg erfahren musste.

Ein besonderes Andenken an die Opfer des Nationalsozialismus wurde 2007 durch das "Personenkomitee Stolpersteine" eingeführt. Dieses Projekt beinhaltet das Integrieren sogenannter "Stolpersteine" in verschiedene Gehwege in Salzburg. Die Stolpersteine sind bronzefarben und die Gravuren auf den Steinen zeigen jeweils einen Namen und die Lebensdaten dieser Person, welche aufgrund der NS-Ideologie verfolgt wurde und das Leben verlor. Die Steine befinden sich meist an den ehemaligen Wohnorten der Opfer und sollen so das Gedenken an diese Menschen aufrechterhalten. 415 Stolpersteine wurden in Salzburg bereits gelegt und versuchen so, auf eine besondere Art und Weise der Opfer zu gedenken. (Vgl. http://www.stolpersteine-salzburg.at/de/das_projekt)

Nach dem Zweiten Weltkrieg und einer zehnjährigen Besetzung Österreichs erholte sich Salzburg langsam wieder von dem Grauen während des Zweiten Weltkrieges. Die Paris-Lodron Universität wurde 1962 wiedereröffnet und 30 Jahre später entwickelte sich auch das Mozarteum, eine Universität sowohl für Musik als auch für darstellende und bildende Kunst, aus einer kleinen Musikschule.

1996 erlangte die Altstadt den Status eines UNESCO "Weltkulturerbes". Seitdem entwickelt sich Salzburg immer weiter fort, mit einem besonderen Fokus auf Kultur, Bildung und Tourismus. (Vgl. https://www.stadt-salzburg.at/internet/bildung_kultur/stadtgeschichte/salzburg_stadt_mit_geschichte_332417.htm)

Typisch Salzburg?

Salzburg – die erste österreichische Stadt nach der deutschen Grenze. Dementsprechend viele Deutsche wohnen in der Mozartstadt. Besonders viele Studierende aus dem Nachbarland haben sich dort niedergelassen, um dem gefürchteten Numerus clausus an vielen deutschen Universitäten zu entkommen.

Nicht nur deshalb, aber auch aus diesem Grund sind manche Salzburger ziemlich genervt von den Deutschen, liebevoll auch "Piefke" genannt, welche ihnen die Studienplätze und am Wochenende manchmal auch die heiß begehrten Parkplätze wegnehmen. Allgemein gilt, dass die meisten Salzburger – berechtigterweise – sehr stolz auf ihre schöne Stadt sind und viele sich bemühen, die Mozartstadt so zu erhalten.

Salzburger sind allgemein sehr weltoffene Menschen, welche gerne Touristen in ihrer geliebten Stadt sehen und den Bürgern anderer Länder die Schönheit der Mozartstadt zeigen.

Salzburger sprechen österreichisch in einem eigenen Dialekt, der sich teilweise stark von Hochdeutsch unterscheidet. Amüsant ist jedoch, dass sich die Dialekte und Mundarten im Salzburger Land ebenfalls zum Teil sehr stark voneinander differenzieren. Als Grund hierfür werden die Berge angegeben, welche die Bürger des Salzburger Landes voneinander getrennt haben und damit dafür sorgten, dass die einzelnen Sprachen sich individuell weiterentwickelten. (Vgl. https://www.salzburgerland.com/de/magazin/die-salzburger-dialekte/)

Leben in der Mozartstadt

Das Leben in Salzburg ist teuer. Das ist das, was die meisten auf die Frage nach dem Leben in der Festspielstadt antworten würden. Die Wohn-, aber auch die Lebenshaltungskosten sind in Salzburg sehr hoch und besonders die Mieten steigen kontinuierlich. Dennoch gibt es in Salzburg viele Möglichkeiten, auch mit einem kleinen Geldbeutel viel zu erleben: Die Stadt Salzburg veranstaltet regelmäßig unterschiedliche Events, wo die Gäste entweder gar nichts zur Teilnahme oder nur einen sehr geringen Beitrag entlohnen müssen. Nicht nur die Stadt Salzburg bemüht sich, viel zu veranstalten und den Leuten kulturell etwas zu bieten, auch und besonders die Universität will mit ihren Veranstaltungen viele Menschen erreichen. Gerade die österreichische Hochschülerschaft, die Studentenvertretungen an der Universität Salzburg und viele andere studentische Organisationen lockern den studentischen Alltag in Salzburg mit vielen verschiedenen, meist kostenlosen Veranstaltungen auf. Ob gemeinsames Lernen am Sonntag, gemeinsames Kochen, Spieleabende, Partys, Brunches oder Beer Pong Turniere: Hier ist für jeden etwas dabei! Kulturelle Events gibt es in Salzburg ebenfalls sehr viele, veranstaltet von den Kinos, von kreativen Agenturen, Kulturzentren oder – wie oben erwähnt – durch die Stadt Salzburg. Für eine so kleine Stadt gibt es in Salzburg ein sehr breites, kulturelles Angebot, wo wirklich für jeden etwas dabei ist.

Auch an Ausflugszielen in und um Salzburg mangelt es nicht: Die vielen Touristenattraktionen in der Stadt stellen auch für gebürtige Salzburger interessante Wochenendziele dar. Im Umland gibt es aber ebenfalls genügend Ausflugsdestinationen: Ob das Salzbergwerk in Berchtesgaden, der Europark ein wenig außerhalb von Salzburg oder einfach nur ein Trip in die Berge – in Salzburg wird es definitiv nicht langweilig!

Sehenswertes

Salzburg ist keine sehr große Stadt, bietet aber dennoch viel an verschiedensten Sehenswürdigkeiten, welche einen Besuch während eines Aufenthaltes in der Mozartstadt wert sind.

Als erstes ist hier natürlich die Festung Hohensalzburg zu nennen, das bekannteste Wahrzeichen Salzburgs.

Seit 1077 thront die Burg auf dem Festungsberg und bietet vielen Touristen mit seinen vier integrierten Museen interessante Einblicke in die Geschichte Salzburgs. 500 Jahre später, um 1500, änderte sich unter Erzbischof Leonhard von Keutschach das

Aussehen der Festung und wurde seitdem unverändert so belassen. Auch die Räumlichkeiten der Festung stehen den bewundernden Blicken der Besuchenden original zur Verfügung. Etwas ganz Besonderes für das Auge bietet auch die Nachahmung des Nachthimmels und die ehrwürdige Einrichtung im dritten Stock der Festung.

Mit der Festungsbahn ist es möglich, bequem über die Dächer der barocken Altstadt zu schweben und einen imposanten Ausblick von der Festung aus zu genießen.

Preislich liegt das "All Inclusive Ticket", welches die An- und Abfahrt, eine Audioguide Führung und die Besichtigung aller Museen und Zimmer inkludiert, online bei 13,20 € für den Erwachsenen und an der Kasse vor Ort bei 16,30 €. Die Burg hat ganzjährig geöffnet, von Januar bis April von 9.30 - 17 Uhr, von Mai bis September von 9 - 19 Uhr, von Oktober bis Dezember von 9.30 - 17 Uhr und an Feiertagen sowie den Adventswochenenden und Ostern von 9.30 - 18 Uhr.

https://www.salzburg.info/de/sehenswertes/top10/festung-hohensalzburg

Sehenswert ist auch das berühmte Geburtshaus

Mozarts in der Getreidegasse, wo 1756 der sogenannte "Wunderknabe" zur Welt kam. Als Besucher
kann man durch die original ausgestatteten Räume
des Geburtshauses flanieren und dabei das Wissen
über Mozart und sein Leben erweitern. Diese Salzburger Berühmtheit und das facettenreiche Leben
werden in dem ganzjährig geöffneten Museum dargestellt, was sowohl für Mozartkenner als auch für
Neulinge eine sehr interessante Erfahrung darstellt.

Auch das Mozart-Wohnhaus am Makartplatz ist
eine interessante Attraktion: Acht Jahre wohnte Mozart in dem ehemaligen "Tanzmeisterhaus" – von
1773 bis 1781 – bis er nach Wien umzog. Während
des Zweiten Weltkrieges und der Bombardierung
Salzburgs wurden zwei Drittel des Hauses zerstört.
In den 1990er Jahren wurde das Haus wieder nach
alten Plänen rekonstruiert und 1996 feierte das
Wohnhaus seine Wiedereröffnung und den Einzug
des Mozartmuseums. Neben Mozarts Hammerkla-
vier, verschiedenen Originaldokumenten und Port-
räts lassen sich in eineinhalb Stunden das Leben der
Familie Mozart in Salzburg und auch die Geschichte
des Hauses wunderbar nachverfolgen. (Vgl.

https://www.salzburg.info/de/sehenswertes/mu-
seen/mozart-wohnhaus)

Als Eintrittspreis werden sowohl bei dem Geburtshaus als auch bei Mozarts ehemaligen Domizil
ein Preis von 11 € pro Person verlangt, Kinder genießen ermäßigten Eintritt. Wenn man allerdings
die Besichtigung beider Mozartattraktionen vereint,
bietet sich hierbei das Kombinationsticket von 18 €
an.

Nicht nur das Geburtshaus Mozarts stellt in der
Getreidegasse eine Touristenattraktion dar, sondern
auch die Gasse selbst. Mit vielen aufwändig restau-
rierten Bauten und Fassaden aus anderen Zeiten
entführt das Spazieren durch die Gasse in ein anderes Jahrhundert. Für den interessierten Historiker
sind die verschiedenen Fassaden oft auch mit Jah-
reszahlen versehen und zum Teil auch mit den Namen berühmter Bewohner. Auch für die Shop-
pingliebhaber gibt es in der Getreidegasse ein breites Angebot: Viele verschiedene Geschäfte haben
hier ihren Sitz und erfreuen ihre Kunden mit interessanten, vielfältigen Produkten. Eine weitere Beson-
derheit der Getreidegasse stellen die vielen Durch-
gangshäuser dar, die einen kurzen Durchgang zu

anderen Gassen bieten.

Jetzt zu einem weiteren bekannten Element Salzburgs: das Schloss Mirabell und der dazugehörige Garten. Seit 1606 schmückt das Schloss Mirabell die Salzburger Altstadt als Geschenk des damaligen Fürsterzbischofes Wolf Dietrich an seine Geliebte und heimliche Ehefrau Salome. In dem romantischen Ambiente des Schlosses und besonders des "Marmorsaals" werden jedes Jahr viele Hochzeiten zelebriert. Auch der schöne, kunstvoll angelegte Mirabellgarten sorgt mit seinen Brunnen und den verschiedenen kleinen Gärten für eine romantische, schöne Atmosphäre. Einen Teil des Gartens bildet der sogenannte "Zwergerlgarten", welchen ursprünglich 28 marmorne (heute 17) Zwergskulpturen schmückten und der als der älteste Zwergengarten Europas gilt. Auch die Brunnen in dem Garten sind prachtvoll gestaltet und sind einen näheren Blick wert.

In dem Schloss, welches die Stadt 1870 erst dem Kaiser abkaufte, sitzen aktuell der Bürgermeister und die Stadtverwaltung. Der Eintritt in den Mirabellgarten und in das dazugehörige Schloss ist kostenfrei, der Mirabellgarten ist täglich von 6 Uhr bis zum Einbruch der Dunkelheit geöffnet und das Schloss täglich von 8 - 18 Uhr. Einzelne Teile des Gartens, wie das Heckentheater und der Zwergerlgarten, sind während der Wintermonate geschlossen, die Orangerie jedoch ist ganzjährig täglich von 9 - 16 Uhr für die Besucher geöffnet.

Als weiteres wichtiges Element einer Stadtführung ist auch die Altstadt, bestehend aus vielen verschiedenen Gebäuden unterschiedlicher Architekturstile, zu nennen. Für Touristen bietet die Altstadt viele Möglichkeiten, mit den verwinkelten Gassen und den zahlreichen Geschäften dem Alltag zu entfliehen. Die ältesten Funde der Stadt gehen auf die Römer zurück und belegen die Vielfalt historischer Gebäude in Salzburg.

Ein anderes Touristenziel bieten Spaziergänge auf einen der fünf Stadtberge, in dessen Mitte Salzburg gebettet liegt. Der kleinste Berg mit seinen 210 Höhenmetern ist der Kapuzinerberg, der seinen Namen dem auf ihm angesiedelten Kloster verdankt. Auch mehrere Kirchen und ein Mozartdenkmal schmücken den Berg und bieten neben der wunderschönen Aussicht auch weitere Anreize, diesen Berg zu besteigen.

Der Festungsberg ist der Berg, der mit der Festung einen sehr großen Teil des Salzburger Panoramas bildet. Wie bereits beschrieben, kann man als Tourist diesen Berg erklimmen oder bequem mit der Festungsbahn der Festung einen Besuch abstatten.

Ein weiterer Berg, der sich mitten in der Stadt befindet, ist der Mönchsberg. Von hier aus kann man einen magischen Blick auf Salzburg genießen. Auch das viele Grün, ein paar imposante Villen, Schlösschen und historische Altbauten verleihen einem Spaziergang etwas Besonderes. Besonders das Schloss Mönchstein, welches erstmals 1350 urkundlich erwähnt wurde, mit dem Privatpark, dem eigenen Spa und dem Restaurant gehobener Klasse gilt als eine wunderbare Luxusunterkunft. Für Kulturliebhaber stellt das „Museum der Moderne" auf dem Gipfel ebenfalls ein Erlebnis dar: Hier werden Kunstausstellungen zur "Klassischen Moderne" – Kunst seit dem Zweiten Weltkrieg – in unterschiedlichen Ausstellungen gezeigt. An zwei Standorten in Salzburg werden die Ausstellungen täglich (außer montags) von 10 - 18 Uhr, mittwochs sogar bis 20 Uhr, präsentiert. Acht Euro kostet der reguläre Eintritt in das „Museum der Moderne" am Mönchsberg, für beide Standorte kostet das Ticket 12 € pro Person. Nach einem Museumsbesuch kann man diesen im benachbarten M32 Restaurant ausklingen lassen. (https://www.museumdermoderne.at/de/ueber-uns/standorte-einrichtungen/moenchsberg/)

Ein anderes Museum wartet auf Interessierte am Fuß des Mönchsberges: Das Wassermuseum, welches sich mit der Wasserversorgung und allen dazugehörigen Aspekten beschäftigt. Auch die Rolle des Mönchsberges bei der Wasserversorgung Salzburgs wird in der Ausstellung erklärt. Das Museum hat von November bis April sonntags von 10 - 16 Uhr geöffnet und ist von Mai bis Oktober freitags bis sonntags ebenfalls von 10 - 16 Uhr offen. Der reguläre Eintrittspreis liegt bei 5 € und bei einem Besuch wird warme Kleidung empfohlen, da die Temperatur im Museum bei ungefähr 12 Grad liegt. (https://www.salzburg.info/de/sehenswertes/museen/wassermuseum)

Für Naturliebhaber und Sportfreunde gilt der Gaisberg, der zweithöchste Berg Salzburgs, als wahres Sportparadies. Egal, ob Wandern, Fahrrad fahren oder sogar Paragliding: Für all diese Aktivitäten bietet der Gaisberg die optimalen Bedingungen. Nach sportlicher Betätigung gibt es sechs verschiedene Einkehrmöglichkeiten und auch zwei Hotels auf dem Gaisberg, um sich auszuruhen.

Für die kleinen Gäste bietet der Spielplatz neben der Zistelalm eine gute Erholungsmöglichkeit. Eine weitere "Sehenswürdigkeit" – besonders für alle Technikbegeisterten – ist der rund 100 Meter hohe ORF Sendemast, welcher dort seit 1956/57 sendet und unter anderem auch zur Blitzforschung einge-setzt wird. (https://www.salzburg.info/de/sehens-wertes/ausflugsziele/gaisberg)

Der Untersberg, der fünfte und größte Stadt-berg, ist ebenfalls einen Besuch wert. Mit beinahe 2.000 Metern Höhe erstreckt sich der Berg auch bis ins bayerische Nachbarland. Mit seinen sagenumwo-benen Höhlen und verschiedensten Geschichten, welche sich um den Berg ranken, ist der Berg in allen Kinderbüchern präsent. Als Beispiel kann man die Sage um Karl den Großen nennen, der sich hier mit treu ergebenen Rittern und Zwergen im Herzen des Berges ausruht, um bei seinem Erwachen die letzte und wichtigste Schlacht der Menschheit – Gut gegen Böse – zu führen.

Abgesehen von den Legenden, Geschichten und

Brauchtümern, die mit dem Berg zusammenhängen, kann man als Tourist hier auch anderes erleben. Die schöne Natur mit einzigartigen Pflanzen wie Schneerosen und Alpenveilchen begeistern jeden Naturliebhaber und haben dazu geführt, dass dieses Gebiet zum Naturschutzgebiet erklärt wurde.

Auch der Weißkopfgeier lässt sich hier manchmal beobachten.

(https://www.salzburg.info/de/magazin/schauplaetze/wasser-marmor-und-magie-ein-nachmittag-am-untersberg_a_466674)

Wofür der Berg noch bekannt ist, ist das qualitativ hochwertige Trinkwasser, mit welchem 90 % der Trinkwasserversorgung Salzburgs abgedeckt wird. Dieses Wasser wurde auch von Fürsterzbischöfen geschätzt, welche sich durch sogenannte Wasserreiter mit diesem Wasser täglich versorgen ließen. Auch der Marmor des Untersbergs spielt für Salzburg eine wichtige Rolle, da dieser auch zum Teil für den Reichtum dieser Stadt gesorgt hat. Diesen Baustoff findet man ebenfalls in diversen Häusern und Immobilien in der Stadt wieder. (https://www.salzburg.info/de/salzburg/natur-erholung/untersberg)

Auch für sportbegeisterte Touristen ist dieser Berg das perfekte Ausflugsziel: Ob Wandern, Rad fahren oder Ski fahren – für jeden ist etwas Passendes dabei!

Das Untersbergmuseum zeigt mit seinen Ausstellungen interessante Fakten zu dem Thema Marmor und erzählt die spannenden Sagen und Geschichten rund um den Berg. Von April bis Oktober hat das Museum die Türen von Samstag bis Sonntag von 13 - 17 Uhr geöffnet, im November und Dezember nur sonn- und feiertags und von Januar bis März ist es gänzlich geschlossen. Der Eintrittspreis liegt regulär bei 4 € pro Besucher. (http://www.untersbergmuseum.net/)

Inmitten der Altstadt zieht das sogenannte DomQuartier auch viele Touristen an. Mit dem Salzburger Dom, der bischöflichen Residenz und dem Benediktinerkloster beherbergen diese Gebäude fünf unterschiedliche Museen, welche sich jeweils mit einem anderen Teil der Salzburger Stadtgeschichte auseinandersetzen. Der Rundgang beginnt mit einer Besichtigung der Prunkräume der Residenz: Damit wird sich auf die Räume bezogen, wo die Fürsterzbischöfe ihren Herrschaftssitz hatten und hochrangige Besucher empfingen. Vom beinahe 600 m^2 großen Carabinierisaal bis hin zu dem prunkvoll ausgestatteten Audienzsaal: Die Besucher erhalten in diesen Räumlichkeiten einen guten Einblick in die architektonischen Wunderwerke dieser Zeit, welche mit verschiedenen Elementen ausgestattet waren. Kristallluster aus Rauchglas, Keramiköfen, Deckenstuck mit Blattgold und verschiedene Gemälde und Uhren verleihen den Räumlichkeiten ein majestätisches Flair und lassen den Besucher gänzlich in vergangene Jahrhunderte eintauchen. (Vgl. https://www.domquartier.at/dauerausstellung/zu-gast-bei-den-fuersterzbischoefen-prunkraeume-der-residenz/)

Der Rundgang führt die Besuchenden in den dritten Stock der Residenz, der Residenzgalerie. Verschiedenste Kunstwerke vom 16. bis hin zum 19. Jahrhundert werden hier präsentiert, mit einem besonderen Fokus auf niederländische, italienische, österreichische und französische Kunst aus dem 17. beziehungsweise 18. Jahrhundert. Auch Sonderausstellungen finden hier statt und bereiten den Besuchern in einer einzigartigen Kulisse einen interessanten Aufenthalt.

Über die Dombogenterrasse gelangen die Gäste von der Residenz zum Dom und genießen von der Plattform aus einen wunderbaren Ausblick auf den Dom- und Residenzplatz, welcher den Regierenden als öffentliche Bühne diente. Außerdem erlebt man von der Terrasse aus einen wunderschönen Ausblick auf die Salzburger Altstadt und das bekannte Panorama.

In dem Dommuseum werden in vier unterschiedlichen Museen diverse Kunstgegenstände und Artefakte gezeigt. Das Nordoratorium des Salzburger Doms beherbergt in dem mit reichlich Stuck dekorierten Ambiente verschiedene Sonderausstellungen, welche sich alle mit dem Schwerpunktthema Barock beschäftigen. Auch das künstlerisch reich ausgestattete Rupertusoratorium ist Teil aller Ausstellungen. Von der Domorgelempore aus kann der Besucher die gesamte Pracht des Salzburger Doms genießen und einen wunderbaren Blick auf das aufwendig gestaltete Innenleben werfen. Das Museum im Südoratorium bietet den Besuchenden verschiedene Schätze aus dem Dom, welche dort benutzt wurden oder teilweise noch in Benutzung sind. Außerdem werden hier Gemälde und Skulpturen aus

dem Dom oder anderen umliegenden Kirchen gezeigt, dessen Entstehung vom Mittelalter bis hin zum
Barock reichen. Die 1974 renovierte Kunst- und
Wunderkammer birgt Artefakte aus dem fürsterzbi-
schöflichen Besitz aus dem Bereich der Kunst und
der Natur. Insgesamt stellt das Dommuseum eine
wichtige Touristenattraktion für kunstinteressierte
Gäste dar. Aber auch die anderen Besucher kommen
in den Räumlichkeiten auf ihre Kosten.
Als letzter Bestandteil des DomQuartiers befinden
sich in dem St. Peter Museum zum einen die "Lange
Galerie" aus dem 17. Jahrhundert, welches verschiedene Gemälde beheimatet, und zum anderen eine
Kunstsammlung des Benediktinerklosters.
Die sogenannte "Lange Galerie" zeigt in ihren 70 Metern Länge wunderschöne Stuckarbeiten und Kunst-
objekte aus dem Besitz der Erzabtei St. Peter. Die
Kunstsammlung des Benediktinerklosters umfasst
etwa 40.000 Exponate, welche in drei Ausstellungen
gezeigt werden: St. Peter und die Kunst, St. Peter und
die Musik und St. Peter in Geschichte und Verfas-
sung. (Vgl. https://www.domquartier.at/das-dom-
quartier/ueber-das-domquartier/)

Die Besichtigung des gesamten DomQuartiers

kostet 13 €, für ermäßigte Eintritte werden 10 € verlangt. Kinder bis einschließlich 6 Jahren genießen kostenlosen Eintritt, Schüler zahlen 5 € und Jugendliche bis zum Alter von 25 Jahren bekommen ein Ticket für 8 €. Das Quartier hat täglich (außer dienstags) von 10 - 17 Uhr geöffnet, in den Sommermonaten Juli und August sogar bis 18 Uhr.

Eine wichtige Sehenswürdigkeit, welche vorhin schon kurz beschrieben wurde, stellt der Salzburger Dom dar. Aus Salzburger Marmor gefertigt und umgeben von anderen barocken Bauten wird der Platz rund um den Dom als Bühne während der Salzburger Festspiele genutzt. Die Fassade des Doms stellt verschiedene Personengruppen dar, die auch sinnbildlich den Glaubensweg zeigen. Auch die aufwendigen Stuckverzierungen im Inneren, die Heiligenfiguren und -bilder und andere bildliche Darstellungen lassen Raum zur Interpretation und werden von unterschiedlichen Kunsthistorikern verschieden ausgelegt und interpretiert (vgl. http://www.salzburger-dom.at/informationen/ein-bilderbuch-des-glaubens/?fsize=2Domorganist#.XOPh-WOP6P8).

Verschiedenste Reliquien und Artefakte haben ihre Heimat im Dom gefunden und bilden einen eigenen, ganz besonderen Teil. Als Beispiel können hier die fünf unabhängig voneinander funktionierenden Orgelsysteme genannt werden, deren Zusammenstellung einen wunderschönen Klang ergibt. Auch die Krypta, welche unter der Kirche die Grabstätten für die Salzburger Erzbischöfe beherbergt, ist einen Besuch wert. Hier wurden – nach der Zerstörung der Krypta 1944 – zwei Krypten verbunden: Einerseits die Krypta des Salzburger Domes und andererseits die Krypta des romanischen Domes, welcher 1598 nach einem Brand abgerissen wurde. (Vgl. http://www.salzburger-dom.at/informationen/krypta/?fsize=824#.XOQUbWOP6P8)

Der Dom hat eine bewegte Geschichte hinter sich: Nach zwei Vorgängern, welche beide Flammen zum Opfer gefallen sind, wurde der Grundstein für diesen Dom 1614 gelegt. Etwa 50 Jahre später war der Dom und die umliegenden Plätze vollendet. Der aktuelle Dom gilt als ein barockes Meisterwerk, gestaltet von dem italienischen Architekten Santino Solari, welcher mit seiner Arbeit viele Bauwerke in Süddeutschland und Österreich prägte. (Vgl. http://www.salzburger-dom.at/informationen/geschichte/?fsize=932#.XOPi1mOP6P8)

1944 stürzte die Domkuppel ein, als Folge der Bombardierung Salzburgs während des Zweiten Weltkrieges. Über zehn Jahre wurde viel Geld und Arbeit in einen Wiederaufbau investiert, welcher im Mai 1959 ein Ende in einer feierlichen Wiedereröffnung fand. Eintritt wird beim Betreten des Doms nicht verlangt, aber es wird um eine Spende gebeten. In den wunderschönen Hallen des Domes werden täglich Gottesdienste zelebriert, welche häufig mit Chorgesang oder Orgelspiel begleitet werden. Auch Konzerte finden hier regelmäßig statt und so können sich die Klänge in dem außergewöhnlichen Ambiente entfalten. Das Auftaktkonzert zur Eröffnung der Salzburger Festspiele findet ebenfalls im Salzburger Dom statt. (Vgl. http://www.salzburger-dom.at/konzerte/#.XOQV4WOP6P8)

Das älteste Kloster im deutschen Sprachraum – das Kloster St. Peter in der Salzburger Altstadt – ist ebenfalls einen Besuch wert. Um 696 n. Chr. wurde die Gemeinde vom Hl. Rupert gegründet, der auch das Kloster und die Kirche errichten ließ. Die Kirche ist beinahe 900 Jahre alt, ihre Bausubstanz ist sogar noch älter. Verschiedene Baustile vereinen sich in dieser Kirche: Im Kern steht die einzig erhaltene

hochromanische Basilika Salzburgs, die Vierungs-
kuppel, welche sich majestätisch über die Kirche
spannt und sich eindeutig dem barocken Stil zuord-
nen lässt. Das Kircheninnere wurde zweimal baro-
ckisiert und mit Stuck, Fresken und Gemälden ausgeschmückt. In einem Seitenschiff der Kirche befindet sich auch ein Felsengrab, in dem vermutlich die
Gebeine des Gründers zu finden sind. Die Kirchen-
tore stehen von April bis Oktober von 8 - 21 Uhr den
Besuchern offen, von November bis März allerdings
nur bis 19 Uhr. Täglich werden verschiedene Messen
in der Kirche zelebriert, die aber zurzeit aufgrund
der Renovierung der Stiftskirche vorübergehend in
der Marienkapelle stattfinden. Auch Hochzeiten und
Taufen können in dieser altehrwürdigen Kirche veranstaltet werden. Zu dem Klosterkomplex gehört
auch eine wissenschaftliche Bibliothek, welche unter den 100.000 Schriften auch etwa 800 Hand-
schriften aus dem Mittelalter und Barock beherbergt. Teile des Klosters werden ab 1980 archäolo-
gisch erschlossen und untersucht. Bis heute wurden
schon einige ältere Bauten offengelegt, wie beispielsweise Teile römischer Anwesen.

Die ehrwürdigen Klostermauern bergen

ebenfalls eine Wirtschaft, ein Museum, ein Klosterladen und eine klostereigene Stiftsbäckerei. (Vgl. https://www.stift-stpeter.at/de/start/index.asp)

Der zum Stift St. Peter zugehörige Friedhof hat seine Ursprünge in der Spätantike, beziehungsweise im frühen Mittelalter und ist somit älter als der gesamte Klosterkomplex. Einige berühmte "Kinder Salzburgs" fanden hier ihre letzte Ruhestätte: Mozarts Schwester Nannerl, Michael Haydn, Opernsänger Richard Mayr und Bildhauer Josef Thorak. Die romantisch angelegten Gräber drängeln um die kleine, spätgotische Margarethenkapelle. Der Friedhof ist für Gäste von April bis September täglich von 06:30 - 20 Uhr zugänglich. Von Oktober bis März stehen die Friedhofstore von 06:30 - 18 Uhr für Besucher offen. Am Friedhofsrand befinden sich die so bezeichneten "Katakomben", welche sowohl als Rückzugsorte für Gebete genutzt werden und auch als Begräbnisstätten. Die Katakomben können von Mai bis September jeden Tag von 10 - 12.30 Uhr besichtigt werden und nochmals von 13 - 18 Uhr. Von Oktober bis April sind die Katakomben abends nur bis 17 Uhr zugänglich. (Vgl. https://www.stift-stpeter.at/de/kloster/index.asp?dat=Friedhof-

Katakomben)

Als weitere Touristenattraktion gilt das bekannte Schloss Hellbrunn mit dem dazugehörigen Park. Das Schloss Hellbrunn diente als Sommerresidenz, welche im 17. Jahrhundert innerhalb von drei Jahren erbaut wurde. Erzbischof Markus Sittikus ließ dieses architektonische Wunderwerk der Spätrenaissance errichten. In den verschiedenen Räumen und Gebäuden, wie beispielsweise der Orangerie oder der Fasanerie, kann man das romantische Ambiente des Lustschlosses spüren und auch eigene Feiern ausrichten lassen. Besonders Hochzeiten werden wegen der verträumt-romantischen Kulisse in dem Schloss oft gefeiert.

Das gesamte Gebäude steht für den Manierismus, eine Kunst und Architekturform, welche sich zwischen der Renaissance und dem Barock befindet. Innerhalb dieser Kunstform wird besonders mit Elementen, welche die Realität verfremdet darstellen, gearbeitet. Fantasie- und Fabelwesen und Tapeten aus dem Fernen Osten sollen die Besucher in eine andere Welt entführen. Ein besonderes Schauspiel bieten die aufwendig erbauten Wasserspiele, welche mit Wasser aus dem nahegelegenen Hellbrunner

Berg versorgt werden. In jedem der drei Wasserbe-
hälter werden über 600 Wasserdüsen aus jeweils 54
m^3 Wassermenge gespeist. Verschiedenste Wasser-
scherze, Theater und Grotten erwarten die Besucher
und bieten ein außergewöhnliches Schauspiel. Besonders am Abend kommt mit der Kombination aus
Wasser und Licht eine einzigartig romantische Stim-
mung auf. Das Wassertheater mit rund 200 Figuren
bietet – nicht nur für die Kinder – ein fulminantes
Schauspiel. Es stellt eine Miniaturstadt dar, mit den
damaligen Berufen, unterschiedlichen Figuren und
einem Eindruck des Lebens im 17. Jahrhundert. (Vgl.
https://www.stadt-salzburg.at/internet/bil-
dung_kultur/altstadt_und_tourismus/schloss_hell-
brunn/schlossareal_und_wasser-
spiele_165004.htm)

Auch der Schlosspark, welcher teilweise aus einer künstlich angelegten Parklandschaft und aus einem natürlichen Biotop besteht, bietet den Besuchern eine wunderbare Gelegenheit, sich in wunder-
schöner Umgebung zu entspannen. Die Sportler
kommen in dem Park auch nicht zu kurz: Viele Lauf-
strecken winden sich durch den Park und weite
Grünflächen bieten Platz für unterschiedliche Spiele.

Im Winter können Langlauf Fans auch die Loipe durch den Park kostenfrei nutzen. Für die kleinen Gäste ist mit einem großen Abenteuerspielplatz auch für Spaß und Abwechslung gesorgt. Das leibliche Wohl kommt in dem nahegelegenen Schlossgasthaus auch nicht zu kurz.

Der Salzburger Zoo: Ein beliebtes Ziel – nicht nur für Familien! In der Nähe des soeben erwähnten Schlosses Hellbrunn befindet sich ein weitläufiges Zoogelände, in einer einzigartigen Lage direkt am Hellbrunner Berg. 1.200 Tiere aus 140 verschiedenen Arten fanden in dem Salzburger Zoo ein neues Zuhause. Worauf hier besonders geachtet wird, ist, dass die natürliche Lebensumgebung für die Tiere möglichst gut nachgestellt wird.

Etwa 300.000 Besucher bewundern jährlich die unterschiedlichen Tiere im Zoo. Der Tierpark ist unterteilt in vier Kategorien: Eurasien, Südamerika, Afrika und Australien. Innerhalb dieser Zonen gibt es verschiedene Tierhäuser, wie beispielsweise das Löwenhaus, das Alpakahaus oder das Südamerikahaus. Besonders für die Kinder gibt es einen Streichelzoo, wo Tiere wie das Minischwein oder auch Ziegen oder Schafe gestreichelt und mit im Zoo gekauftem

Futter gefüttert werden können. Führungen und öffentliche Fütterungen können den Zoobesuch zu einem schönen Ereignis machen. Ein besonderes Erlebnis in dem Zoo stellt der sogenannte "Nachtzoo" dar: Im August bleibt der Park freitags und samstags bis 22 Uhr geöffnet. An diesen Tagen kann man den Zoo in einer vollkommen neuen Atmosphäre kennenlernen und auch das Programm genießen. Jedes Wochenende widmet sich der Zoo thematisch einem anderen Kontinent, der durch Tierinfostände, kulinarische Spezialitäten und Kreativstände vertreten wird. Für den Eintritt zahlen Erwachsene 11,50 €, Kinder bis zu dem Alter von 14 Jahren zahlen 5 € und Jugendliche bis zum 20. Lebensjahr müssen 7,50 € für das Ticket bezahlen. Von November bis Februar hat der Tierpark von 9 Uhr - 16.30 Uhr geöffnet, im März von 9 - 17.30 Uhr. Im April, Mai, September und Oktober stehen von 9 Uhr - 18 Uhr und von Juni bis August von 9 - 18.30 Uhr die Türen für die Besucher offen. (Vgl. https://salzburg-zoo.at/)

Eine weitere "Attraktion" in Salzburg stellt ein Besuch in der berühmten Café Konditorei Fürst dar, wo es die originalen Mozartkugeln zum Probieren und auch zum Kaufen gibt. Bei den Mozartkugeln umgibt dunkle Schokolade den zarten Nougatkern, der eine Marzipankugel mit Pistazienfüllung enthält. Für alle Schokoladenliebhaber ein Muss! Mit vier Standorten in Salzburg und einem reichhaltigen Angebot an Naschereien ist die Fürst Konditorei definitiv einen Besuch wert. Ein Preis von 1,20 € pro Kugel ist für diese Praline zwar nicht günstig, aber während eines Besuches in Salzburg ist das Kosten einer solchen Kugel beinahe obligatorisch.

Zum Abschluss dieses Kapitels werden hier noch zwei wichtige "Salzburg Phänomene" beschrieben.

Die Salzburger Festspiele: ein einzigartiges, kulturelles Schauspiel für sich. Mit mehr als 250 Veranstaltungen und 290.000 Besuchern gelten die Salzburger Festspiele als eines der größten Kulturfestivals Europas. 1920 wurden die Salzburger Festspiele als Sommerfestspiele erstmals von Max Reinhardt und Hugo von Hoffmansthal ins Leben gerufen – basierend auf der Idee von Mozart-Musikfesten. Sechs Wochen lang von Mitte Juli bis Ende August herrscht der "Festspielzustand" in Salzburg: Viele Touristen, viele Menschen, die nur deswegen teilweise sehr weite Strecken zurücklegen und auch zum Teil sehr stark angehobene Unterkunftspreise. Der Grundgedanke für die Festspiele war die Schaffung eines Gesamtkunstwerkes: Die barocken Fassaden Salzburgs, in Kombination mit Musik- und Theaterkunst, sollten ein neues, allumfassendes Kunstwerk gestalten. Musik von Mozart und Strauss sind fixe Bestandteile des Festspielprogramms.

Aber auch Neues aus der kulturellen Branche wird bei den Festspielen gezeigt. Nachwuchsförderung und auch die Unterstützung junger Talente stehen ebenfalls im Fokus der Organisatoren. Ein Name prägt die Festspiele ganz massiv: Herbert von Karajan, der künstlerische Vorstand der Festspiele, der auch viel mit dem Bau des Festspielhauses beschäftigt war. Nach wie vor wirkt sein Erbe in den von ihm eingeführten Oster- und Pfingstfestspielen nach. Der wirtschaftliche Gewinn aus den Festspielen ist jedes Jahr massiv: Um die 230 Millionen Euro werden durchschnittlich während dieser "Saison" eingenommen.

Festspielkarten sind aber nicht so kostspielig, wie es meist vermittelt wird: Nur 60 % der Karten liegen über dem Preis von 100 €. Was aber auch zu beachten gilt, sind die verminderten Eintrittspreise für junge Leute und Studenten.

"Sound of Music": Ein Musical, welches bis heute zu den fünf meistgespielten Werken der Filmgeschichte zählt. In dem in Europa relativ unbekannten Musical wird die Geschichte der Familie Trapp dargestellt, basierend auf tatsächlichen Ereignissen, aber ein wenig ausgeschmückt und verziert mit klebrig sentimentalen Liedern.

Die Familie Trapp – ein Paar mit sieben Kindern – verliert tragischerweise die junge Mutter schon früh und finden in einem Tiroler Waisenmädchen, welches als Hauslehrerin arbeitet und eigentlich Nonne werden möchte, eine neue Frau beziehungsweise Mutter. Aufgrund der Wirtschaftskrise in den 30ern verlieren sie auch noch die Lebensgrundlage und müssen nun nach einer Möglichkeit suchen, sich über Wasser zu halten. Nach der Gründung eines Familienchors und der Entdeckung der musikalischen Talente durch eine Operngröße nehmen sie an einem musischem Amateurwettbewerb teil, gewinnen diesen natürlich und leben fortan glücklich weiter.

Der Lebensmittelpunkt der Familie Trapp befand sich anfangs – vor der Auswanderung in die USA – in Salzburg und deswegen spielt das Musical dort. Viele Touristen genießen spezielle thematische Führungen, Abende unter diesem Motto oder besuchen die Trapp Villa in Salzburg. Auch Singabende oder Theater- bzw. Musicalaufführungen von "Meine Lieder – meine Träume" (der deutsche Titel zu "Sound of Music") ziehen sehr viele Besucher an. Dieses Musical – mit den vielen Drehorten in Salzburg – verleiht der Stadt zusätzlich noch ein romantisch-träumerisches Flair. (Vgl. https://www.salzburg.info/de/salzburg/the-sound-of-music)

Geheimtipps

Für einen Besucher in Salzburg gibt es viele verschiedene Touranbieter: Entweder zu Fuß, mit dem Fahrrad oder per Bus. Etwas Besonderes jedoch ist die Schiffstour, welche am Makartsteg in der Altstadt beginnt und acht Kilometer die Salzach entlangfährt, um die Gäste an der Anlegestelle Hellbrunn wieder herauszulassen. Hierbei kann man entspannt die wunderschöne Kulisse genießen und den außergewöhnlichen Ausblick auf die Stadt. Insgesamt werden drei verschiedene Touren angeboten, welche alle eine Schiffsfahrt inkludieren und bei der auch weitere Highlights in Salzburg besucht werden. Preislich werden für die Tourvariante I für einen Erwachsenen 15 € verlangt, wobei der Gast einen Platz im Innenbereich des Schiffes erhält. Für einen Platz auf dem Außendeck muss der Gast nochmals 3 € bezahlen. Bei Tourvariante III liegt der Preis bei 31 € pro Kopf. Es ist also kein billiger Spaß, aber für einen außergewöhnlichen Aufenthalt in Salzburg definitiv lohnenswert.

Für die Weihnachtsfans gibt es auch die Möglichkeit, das ganze Jahr über dieses Fest in Salzburg zu zelebrieren – in dem Weihnachtsmuseum am Mozartplatz. In diesem besonderen Museum werden verschiedene Artefakte und Gegenstände aus einer beinahe 40 Jahre langen Sammelaktivität von Ursula Kloiber präsentiert. In elf verschiedenen Themenbereichen widmet sich das Museum dem Zelebrieren des Weihnachtsfestes zwischen 1840 und 1940 und zeigt den Besuchern wunderschöne Gegenstände, die den Beobachter in diese Zeit zurückversetzen lassen. Von handgeschriebenen Briefen an das Christkind über Christbaumschmuck und Nikolausfiguren bis hin zu Adventskalendern: Hier gibt es alles zu sehen, was mit dem Weihnachtsfest zu tun hat.

Das Museum ist ganzjährig, außer vom 1. Februar bis Mitte März, mittwochs bis sonntags von 10 - 18 Uhr geöffnet. Zur Weihnachtszeit kann man die Artefakte in Salzburger Weihnachtsmarkt-Atmosphäre sogar täglich genießen. Der Eintritt kostet für Erwachsene 6 € und für Kinder die Hälfte. (Vgl. https://www.salzburg.info/de/sehenswertes/museen/weihnachtsmuseum)

Etwas Außergewöhnliches stellt auch das berühmte Salzburger Glockenspiel dar: 35 Glocken aus dem 18. Jahrhundert spielen täglich um 7, 11 und 18 Uhr in der Altstadt und lassen viele staunende Besucher an unterschiedlichen Musikstücken teilhaben. Jeden Monat ändert sich das Stück, welches die Glocken aus einer Auswahl von 100 Liedern spielen. Hinter dem akustischen Wunder steckt eine komplizierte Konstruktion aus verschiedenen Stiften, Messingwalzen und 7.970 gebohrten Löchern. Die Hintergrundgeschichte und der Entstehungsursprung lassen sich von Ende März bis Ende Oktober jeweils am Donnerstag um 17.30 Uhr und am Freitag um 10.30 Uhr auf dem Glockenspielturm erfahren. Bei schönem Wetter wird der Aufstieg zusätzlich mit einer wunderschönen Aussicht belohnt. (Vgl.

https://www.salzburg.info/de/magazin/schau-plaetze/suesser-die-glocken-nirgendwo-klin-gen_a_273758)

DREI AUßERGEWÖHNLICHE HOTELS – MEHR ALS NUR EINE UNTERKUNFT!

Hotels und Urlaubsunterkünfte sind meist ein wichtiger Bestandteil des Urlaubs in einer anderen Stadt. Welche Anforderungen man an die jeweilige Unterkunft auf Zeit stellt, hängt von jedem Gast und seinen Bedürfnissen ab. Hier haben wir drei verschiedene Hotels in Salzburg ausgesucht, die unserer Meinung nach aus der Reise etwas Besonderes machen! Ein wunderschönes, außergewöhnliches Hotel über den Dächern der Stadt an der Salzach, mit einem zugleich traumhaften Ausblick, stellt das Hotel Schloss Mönchstein dar. Wie der Name schon verrät, ist das Hotelgebäude ein altehrwürdiges Schloss, welches auf dem Gipfel des Mönchsberges im Zentrum der Stadt thront. Dieses 5-Sterne-Hotel bietet für jeden Gast etwas Luxus und eine wunderschöne Möglichkeit, dem Alltag zu entfliehen. Mit einem Spa ausgestattet, wo verschiedene Kosmetik und Massagebehandlungen angeboten werden, und einem Outdoor-Infinity-Pool, von welchem man die Aussicht auf die Salzburger Altstadt genießen kann, entführt das Hotel den Gast in eine Welt abseits der alltäglichen Strukturen.

Auch der riesige 14.000 Hektar große zugehörige Schlosspark lädt abends wie morgens zum Flanieren ein. Im hoteleigenen „The Glass Garden Restaurant" können sich die Gäste von einem mit drei Hauben prämierten Küchenchef kulinarisch verwöhnen lassen. Das Restaurant befindet sich – wie der Name schon sagt – in einem gläsernen Gebäude, welches es möglich macht, neben den köstlichen Speisen das Panorama der Stadt genießen zu können. Für Events und verschiedene Veranstaltungen lassen sich aber auch der denkmalgeschützte, antike gotische Saal oder der modern-elegante Mönchstein Saal buchen. Was bei dem Hotel Schloss Mönchstein aber zu beachten gilt, ist der hohe Preis pro Nacht, den man für all den Luxus entrichten muss. (Vgl. https://www.monchstein.at/de/luxushotelsalzburg/)

Die Zimmerpreise beginnen bei 440 € die Nacht

für zwei Personen und können – je nach Zimmerka-tegorie – sehr schnell steigen. Das Hotel bietet auch unterschiedliche Pakete an: Das Mozart & Schloss Package beispielsweise oder ein romantisches Paket – je nachdem, was der Gast will. Für Veranstaltungen aller Art, ob Hochzeit oder Meeting, bietet das Hotel auch die perfekte Lösung – mit einem zauberhaften Blick auf Salzburg.

Ein anderes Hotel, welches die Antike und die Moderne wunderbar miteinander vereint, ist das Arthotel "Blaue Gans" in der Altstadt. Über 700 Jahre zählen die Gemäuer dieses besonderen Hotels schon und beherbergen viele aufregende Geschichten. Be-sonders groß ist es nicht, mit seinen 35 unterschied-lich eingerichteten Zimmern. Durch die mittelalter-liche Bausubstanz musste das Design jedes Zimmers einzeln konzipiert werden, unter Beachtung und In-tegration des individuellen Raumflairs. Viele der De-signmöbel stammen aus dem hoteleigenen Designs-hop. Insgesamt kann der Gast 120 in dem Hotel aus-gehängte Kunstwerke bei seinem Aufenthalt in die-sem speziellen Hotel bestaunen. Für Kunstliebhaber finden sich speziell in dieser Unterkunft viele ver-schiedene Möglichkeiten, Kunst zu beobachten und neue Kunsthighlights in Salzburg zu entdecken. Auch kulinarisch hat die "Blaue Gans" einiges zu bieten: mit hoteleigenem Restaurant, Bar, Brasserie und einem Weinkeller. Sogar ein Hotelgarten, in welchem man inmitten von Olivenbäumen, Orangen, Palmen und Feigen seine Mahlzeit genießen kann, steht den Gästen zur Verfügung. Während der Speisung an der frischen Luft können auch die Mitarbeiter in der "Speisenmanufaktur" dabei beobachtet werden, wie sie täglich frische Pasta und andere köstliche Gerichte zubereiten. Auch sportbegeisterte Gäste kommen hier mit ihren Bedürfnissen nicht zu kurz: In Kooperation mit Citybikes bietet das Hotel den Gästen einen hoteleigenen Fahrradverleih an. Eine Lesestube für die ruhigeren Urlaubsstunden, ein Kräutergarten für einen entspannten Abendrundgang und eine Teebar runden die Einrichtung dieses besonderen kleinen Hotels ab. Hin und wieder ist die "Blaue Gans" auch Platz einer Veranstaltung, wie beispielsweise das Literaturfest, wo verschiedenste Literatur vorgelesen wird. Auch für persönliche Veranstaltungen und Events steht das Hotel mit einer umfassenden Beratung zur Verfügung. (Vgl. https://www.blauegans.at/)

Ein Hotel, welches in Salzburg sehr oft weiterempfohlen wird, ist das Hotel Auersperg. Dieses charmante Hotel befindet sich – inmitten der Altstadt – in einer geräumigen Villa mit einem anschließenden Garten, in welchem man die Zeit vergessen kann. Ein träumerischer Garten, großzügige Zimmer mit einer Teebar und teilweise auch eine eigene Kaffeemaschine sind passende Accessoires für einen gelungenen Städteurlaub in Salzburg. Was in dem familiengeführten Hotel besonders großgeschrieben wird, ist die hohe Qualität des Frühstücks. Das "Bio Frühstück" ist für die Hotelgäste inklusive und bietet für jeden Geschmack etwas: Ob vegan, gluten- oder laktosefrei – jeder Gast kann hier seine Geschmacksvorlieben ausleben! Der servierte Honig stammt sogar aus eigener Produktion und die anderen Produkte kommen von biologischen und regionalen Händlern, wobei besonders die Qualität im Zentrum steht. Auch das kleine Spa, mit Sauna und Dampfbad, lädt zu einem schönen Abklingen des Urlaubstages ein. Eine hoteleigene Bibliothek sowie Videothek schließen den ereignisreichen Tag in Salzburg sehr harmonisch ab.

Harmonie, eine Wohlfühlatmosphäre und

Möglichkeiten zur Entspannung werden in der Urlaubsunterkunft besonders großgeschrieben. Massagen, Yogakurse (gemeinschaftlicher oder privater Art) und eine Sonnenterrasse runden das breite Angebot ab. Preislich liegt das Hotel in der Mitte: Ab 145 € werden pro Nacht für ein kleines Zimmer verlangt, 240 € als Minimum für die Suite. Auch Familien kommen hier nicht zu kurz: Ob Spielsachen, Babynahrung, Gitterbettchen oder andere wichtige Bestandteile des Familienlebens – hier fehlt es an nichts!

Abschließend kann man sagen, dass es in Salzburg viele, gute Hotels gibt: Exklusive, luxuriöse, moderne, familiäre und auch traditionsbedachte Hotels stehen zur Wahl. Wichtig bei der Suche nach der perfekten Unterkunft ist aber, diese rechtzeitig zu beginnen und so früh wie möglich die Zimmer zu buchen. Meist – besonders während der Festspielzeit und der Weihnachtsmarktsaison – sind Hotelzimmer sehr schnell ausgebucht. Auch die Preise sind meist außerhalb dieser besonderen "Salzburger Jahreszeiten" moderater.

KULINARISCHE GEHEIMTIPPS

Als ein interessantes Restaurant gilt der Bärenwirt: Ein sehr traditionelles Gasthaus, welches bereits seit dem 15. beziehungsweise 16. Jahrhundert besteht. Die sogenannte "Bärenwirttradition der großen Knödel" erfreut sich großer Beliebtheit und das Gasthaus ist immer sehr gut besetzt. Was man dabei aber beachten muss, ist die Reservierungspflicht.

In einem etwas älteren Ambiente kann der Gast verschiedene Speisen im St. Peter Stiftskulinarium auskosten. Dieses Restaurant, welches in die Klosteranlage integriert ist, gilt als das älteste Restaurant Europas, mit einer Bestandszeit von etwa 1.200 Jahren. Mit zwei Hauben ausgezeichnet und von vielen begeisterten Gästen empfohlen, gilt dieses Wirtshaus als einer der Adressen für den Genuss von volkstümlichen Speisen. Vom herzhaften Wiener Schnitzel bis hin zu den berühmten Salzburger Nockerln: Jeder Gast kann sich hier kulinarisch voll und ganz auf den großartigen Geschmack der Speisen konzentrieren. Aber nicht nur die köstlichen Leckereien, sondern auch das altertümlich-traditionelle Ambiente, in welchem die Gäste ihr Mahl genießen, lockt sehr viele Besucher in das Spitzen-Restaurant.

Elf renovierte, aber dennoch sehr zeitgetreue Säle entführen den Gast in eine andere Zeit. Für besondere Gourmets werden auch regelmäßige Weinverkostungen angeboten. Um Reservierungen wird gebeten. https://www.stpeter.at/restaurant/

Eine etwas andere Atmosphäre bietet "Uncle Van" – eine Wok-Küche in Salzburg, wo der Fokus auf natürliche Zutaten und gesunde Zubereitung gelegt wird. Besonders für Allergiker oder Konsumenten, welche auf Gluten, Laktose und Fleisch verzichten, bedeutet diese vietnamesische Küche eine gute Alternative: Denn hier wird stark auf gute Nahrungsmittelverträglichkeit geachtet und viel gemieden, was dem Gast eventuelle Probleme bescheren könnte. Die Bestellung der Speisen erfolgt immer nach demselben Prinzip: Nach der Auswahl einer Beilage wird das Gemüse ausgewählt. Im Anschluss daran muss der Gast sich zwischen Fisch, Fleisch oder Tofu entscheiden und am Ende noch die passende Sauce als guten Abschluss des Mahls aussuchen. Auch Suppen kann man hier entspannt genießen – entweder als Gast im Restaurant oder als Takeaway. Also für alle, die ihre gesunden Speisen in einer etwas unkonventionellen Atmosphäre genießen wollen, ist "Uncle Van" definitiv der passende Laden! (Vgl. https://www.uncle-van.at/)

In eine ganz andere kulinarische Richtung entführt eine Mahlzeit in dem "Bistro de Márquez". Das Bistro bekocht seine Gäste mit traditionellen südamerikanischen Gerichten. Viel Auswahl gibt es in dem Bistro zwar nicht, aber jedes der Gerichte basiert auf einem original südamerikanischen Rezept und bildet einen kleinen Teil Südamerika in Salzburg. Vorbeischauen lohnt sich! (Vgl. https://www.bistrodemarquez.at/)

Dönerfans sollten jetzt aufpassen: Der beste Döner Salzburgs wird – laut Bewohnern und vielen Rezensionen – im Aganigi Naganigi hergestellt. Etwas außerhalb der Altstadt, etwa 15 Minuten zu Fuß vom Bahnhof entfernt, befindet sich der Fast Food Laden. Hier wird Döner verkauft, welcher immer wieder als der beste der Stadt betitelt wird. Wer es also eilig hat, für den eignet sich Aganigi Naganigi sehr gut. (Vgl. https://www.fraeuleinflora.at/salzburg/salzburgs-beste-imbiss-standln/)

INSIDERTIPPS ABSEITS DER KLASSISCHEN TOURISTENZIELE

Für Bierliebhaber wird auch abseits der Stieglwelt noch einiges geboten. Das Augustiner Bräu Kloster in Mülln ist ein gutes Ziel für Freunde von gutem Bier. Auch Führungen in der Brauerei und der anschließende Genuss des "kühlen Blonden" sind in der traditionellen Brauerei möglich. (https://www.augustinerbier.at)

Die eben erwähnte Stieglwelt ist für alle Fans von Bier eine interessante Anlaufstelle, mit integriertem Stiegl-Braukino, Stiegl-Museum, Stieglladen und einer Hausbrauerei. Im Museum wird die Geschichte von Stiegl und dem Bier auf 400 m² dargestellt und abwechslungsreich erzählt. Das Braukino stellt die Bierbrauerei und den damit verbundenen Prozess in einem multivisuellen Film dar. Mit einer Führung können die Gäste ihren Besuch in der Stieglwelt optimal genießen und interessante Hintergrundinformationen erfahren. Geöffnet hat die Bierwelt jeweils Montag bis Sonntag von 10 - 17 Uhr, in den Frühlingsmonaten April und Mai von 10 - 18 Uhr, in den sommerlichen Monaten Juli und August von 10 - 19 Uhr. Die Einlassgebühren betragen für einen Erwachsenen 13 €, in den Monaten April und Mai wird ein Aufschlag von 3,50 € verlangt. (Vgl. https://www.brauwelt.at/de)

Auch für Craft Beer Fans gibt es in Salzburg eine gute Anlaufstelle: Der Bottle Shop im Stadtzentrum. Hier gibt es verschiedene Biersorten aus allen erdenklichen Teilen der Welt, wo sich jeder Besucher das passende Getränk auswählen kann. Nach einer kurzen Rutschfahrt in den Bierkeller des Geschäftes wähnen sich viele Bierkenner im Himmel. Aus dem reichhaltigen Angebot ist für jeden etwas dabei!

Als eine besondere Location und eine gute Anlaufstelle für leckere Cocktails wird häufig die Salzach-Insel-Bar empfohlen. Die Bar befindet sich am Hanuschplatz, ziemlich im Zentrum der Altstadt, und liegt auf einem kleinen Boot. (Vgl. https://www.salzburghighlights.at/de/Salzach-Insel-Bar)

Die wunderschöne Kulisse und die Aussicht lassen sich von dieser Bar aus genießen, sowohl im Innen- als auch im Außenbereich. Die Happy Hour, zu welcher die Cocktails zu einem vergünstigten Preis zu erwerben sind, findet jeden Öffnungstag von 19 - 21 Uhr statt. Die Öffnungszeiten der Bar gestalten sich etwas komplizierter: Von November bis Februar ist die Bar gänzlich geschlossen, erst ab März hat die Bar freitags bis samstags 19 - 1 Uhr geöffnet. Im April öffnet die Bar bereits am Donnerstag und bleibt bis Samstag offen, zu denselben Uhrzeiten. Der Barbetrieb findet immer zwischen 19 und 1 Uhr statt. Von Mai bis Juni dehnen sich die Öffnungstage des gastronomischen Betriebes weiter aus: In den beiden Monaten kann man die Bar von Mittwoch bis Sonntag besuchen. Innerhalb des siebten Monats, dem warmen Juli, hat die Salzach-Insel-Bar nur noch montags geschlossen, im August werden sogar täglich die Pforten geöffnet. Ab September werden die Öffnungszeiten wieder kürzer: Hier kann man nur mittwochs bis einschließlich samstags Cocktails genießen. Während des letzten offenen Monats können die Gäste von Donnerstag bis Sonntag entspannt den Abend ausklingen lassen.

In der Welt des Spielens – dem Spielzeugmuseum in Salzburg – kann man als Besucher auch schnell die Zeit vergessen: Modelleisenbahnen, Rennbahnen und Kindersupermärkte laden im Salzburger Spielzeugmuseum nicht nur die Kleinsten zum Spielen ein. 800 m^2 Spaß bietet das Museum den Besuchern. Auch historische Exponate aus der Welt des Spielens und etwas ausgefallenere Spiele laden zum selbstständigen Ausprobieren ein. Die Türen hat das Museum dienstags bis sonntags von 9 - 17 Uhr geöffnet. Der Eintritt kostet für die Erwachsenen 5 € und für die kleinen Spielbegeisterten 2 €. (Vgl. http://www.spielzeugmuseum.at/index.php?id=830)

Verkehrsanbindung

D ie Anreise in die wunderschöne Stadt an der Salzach gestaltet sich recht vielfältig: Der Flughafen ist das Ziel für Touristen aus weiter entfernten Regionen. Klein, aber fein – mit zwei Lande- und Startbahnen ist dieser Flughafen ausgestattet. Am neu renovierten Bahnhof herrscht reges Treiben: Hier halten viele Züge aus Deutschland und Ungarn. Ob Fernzug oder Regionalzug: Beide Optionen gibt es für Reisende aus Deutschland. Ein besonderes Ticket stellt hier das Bayernticket dar, mit dem man den ganzen Tag ab 9 Uhr für 25 € durch Gesamtbayern bis in die Grenzstadt fahren kann. Insgesamt ist die Zugverbindung, besonders nach München, sehr gut ausgebaut, mit einem Regionalzug sowie mindestens einem Fernzug pro Stunde.

Für Touristen, welche Wert auf eine preiswerte Anreise legen, bietet eventuell auch der Reisebus eine Option. Es gibt hier verschiedene Reisebusanbieter, welche deutsche Ziele, österreichische Städte oder andere Orte Europas anfahren. Den größten Anbieter stellt die Flixmobility GmbH dar.

Allgemein gilt sowohl für den Bus als auch für eine Anreise mit der Bahn: Je früher man bucht, desto höher ist die Wahrscheinlichkeit, ein günstiges Ticket zu ergattern.

Auch mit dem Auto ist eine Anreise möglich, was aber eventuell zwei Nachteile haben kann: Auf der einen Seite sind Parkplätze (vor allem kostenlose) in Salzburg rar gesät, auf der anderen Seite muss man für die Befahrung der österreichischen Autobahn – selbst für diese kurze Strecke – eine Maut bezahlen. Die meisten Hotels jedoch bieten ihren Gästen Parkplätze an und auch die Autobahn lässt sich etwas aufwendiger umfahren, sodass die Maut nicht entrichtet werden muss. Was man allerdings beachten sollte, ist bei einer Autofahrt durch die Stadt Salzburg einerseits das komplizierte Straßennetz und andererseits auch das Hupverbot.

Es ist auch sehr praktisch, wenn man einen fahrbaren Untersatz dabei hat. Tagesausflüge in die Salzburger Region sind damit einfacher möglich und durchführbar.

Für die Fortbewegung innerhalb der Stadt sorgen die sogenannten "O-Busse", mit denen man – für gewöhnlich – schnell und günstig ans Ziel kommt. Das Busstreckennetz ist ganz gut ausgebaut und die klassischen Touristenziele erreicht man mit dem Bus sehr schnell und einfach. Wenn man allerdings ein Ausflugsziel ansteuert, welches sich etwas außerhalb der Stadt befindet, dann sollte man einiges an Zeit und Geduld mitbringen. Abhängig von dem anvisierten Ziel ist hier vielleicht auch die Nutzung der S-Bahnen oder Regionalzüge sinnvoller.

Für ein Stundenticket zahlt man pro Stunde 2 €, für ein 24-Stunden-Ticket werden 4 € verlangt. Die Wochenkarte kostet für sieben Tage 16,40 €. Diese Preise gelten allerdings nur für Tickets, welche man an Vorverkaufsstellen oder am Automaten kauft, die Tickets, welche man bei dem Busfahrer erwerben kann, sind meist teurer. Was hier auch beachtet werden sollte, ist, dass nicht alle Tickets beim Busfahrer zu erwerben sind. Stundenkarten sind nicht in den Vorverkaufszentren erhältlich. Die Tageskarte kann man für 6 € auch im Bus erwerben.

Bei einem 140 km langen, ausgebauten Radwegenetz in Salzburg bietet sich auch eine andere Möglichkeit, besonders für sportbegeisterte Touristen: Leihfahrräder! Das gesamte Radverkehrsnetz ist das dichteste in ganz Österreich und wird auch, besonders im Sommer, sehr rege genutzt. Die drei größten Anbieter für Fahrradverleihe sind avelo, Citybike und Radsport Wagner. Bei avelo kann man sich ein normales Fahrrad, ein E-Bike und ein Kinderfahrrad ausleihen. Der Preis beginnt bei einem normalen Fahrrad bei 10 € für zwei Stunden, klettert weiter auf 14 € für vier Stunden und endet bei 20 € für 24 Stunden. Auch wochenweise Ausleihen sind möglich, dafür zahlt der Kunde 75 € pro Woche. (Vgl. http://avelo.at/) Auch Helme, Kindersitze und Kinderanhänger kann man sich bei avelo ausleihen. Citybike hingegen bezeichnet sich selbst als keinen klassischen Fahrradverleih. Man kann an der Citybike Station am Hanuschplatz das Fahrrad mieten und jederzeit zurückgeben. Nach einer Anmeldung und der Zahlung einer Anmeldegebühr von 1 € kann man auch schon losfahren. Die erste Stunde ist bei Citybike kostenlos, die zweite Stunde kostet 1 € für die angefangene Stunde, bei einer angefangenen dritten Stunde werden 3 € verlangt und ab der vierten Stunde will Citybike pro Stunde 4 €. Besonders für kurze Fahrten bietet sich dieser Anbieter an. Die Bezahlung erfolgt über den Onlineaccount, mit einer Kreditkarte oder einer österreichischen Bankomatkarte. (Vgl. http://www.citybikesalzburg.at/index.php)

Radsport Wagner hat verschiedene Radtypen im Angebot, man kann hier jedoch nur tageweise Räder ausleihen. Mit einer Gebühr von mindestens 30 € pro Tag stellt dieser Verleih den teuersten Anbieter dar. (Vgl. https://www.radsport-wagner.at/radverleih-salzburg-rent-a-bike/)

Eine weitere, recht ungewöhnliche Fortbewegungsart sind die sogenannten "Fiaker-Pferdekutschen". Rund 14 Kutschen stehen aktuell in der Innenstadt am Residenzplatz. Für viele Touristen gehört eine Fahrt in der Kutsche durch die malerische Altstadt zu einem gelungenen Salzburgaufenthalt dazu. Man kann bei den "Fiaker" Runden zwischen einer kleinen, etwa 25-minütigen und einer großen, etwa 50-minütigen Runde wählen. Während der Fahrt erzählt der Kutscher den Mitfahrern kleine Geschichten, Fakten und Informationen über die Stadt und die Umgebung. Diese Pferdekutschfahrten sind täglich von 10 - 16 Uhr im Winter und bis 21 Uhr im Sommer möglich. Auch für größere Anlässe, wie Hochzeiten oder andere Veranstaltungen, können diese Gefährte gebucht werden. Spezielle Kutschfahrten wie die Mottokutschfahrt "History of Music", welche dem "Sound of Music" Tourismus eine einmalige Fahrt bieten möchte, oder wie das "Fiaker Running Dinner" – einem drei Gänge Menü zu Pferd – werden ebenfalls angeboten.

Aufgrund der verschiedenen Kutschenanbieter variieren die Preise für eine Besichtigungsfahrt. Bei einer 50-minütigen Fahrt für etwa vier Personen ist aber ungefähr mit 200 € zu rechnen. (Vgl. https://www.salzburg.info/de/hotels-angebote/rundfahrten-fuehrungen/fiaker)

Jeder Tourist muss für sich selber entscheiden, ob sich das lohnt oder nicht. Aber eine außergewöhnliche Erfahrung stellt diese Kutschfahrt auf alle

Fälle dar.

Kosten in Salzburg

Allgemein gilt, dass Lebensmittel in Österreich anders besteuert werden als beispielsweise in Deutschland. Daher fallen die Preise für Lebensmittel im Supermarkt und auch Alltagsgegenstände in der Regel höher aus. Kosmetika und Artikel aus dem Drogeriemarkt sollten jedoch mitgebracht werden, da diese in Österreich sehr teuer sind. Es gibt aber zwei Ausnahmen, welche Produkte hier vergleichsweise billig erstanden werden können: Zigaretten und Kraftstoff.

Für eine Unterkunft bewegen sich die Preise im oberen Mittelbereich, was natürlich abhängig ist von dem Zeitpunkt der Buchung und des Besuches. Während der Festspielzeit beispielsweise steigen die Preise für eine Unterkunft und es muss oft weit im Voraus gebucht werden, um etwas Geeignetes zu finden.

Die Preise für die Touristenattraktionen liegen auch eher im oberen Mittelbereich. Wenn man also viele kostenpflichtige Salzburger Highlights besichtigen möchte, sollte man pro Person für den Gesamtbesuch schon einiges an Geld einplanen. Wenn man alle Attraktionen sehen möchte, sind in etwa 75 € für die Eintritte allein schon zu berechnen. Was sich hierbei als sinnvoll erweisen könnte, ist das Angebot der "Salzburg Card": Diese ist jeweils für 24, 48 und 72 Stunden buchbar. Mit der erworbenen Karte kann man dann die öffentlichen Nahverkehrsmittel in Salzburg kostenlos nutzen und spart sich auch den Eintritt bei den wichtigen Sehenswürdigkeiten und bekommt zusätzlich bei vielen umliegenden Attraktionen – wie beispielsweise für das Berchtesgadener Salzbergwerk – Ermäßigungen. Für Erwachsene kostet die Salzburg Card für 24 Stunden 29 €, für 48 Stunden 38 € und für 72 Stunden 44 €. Kinder zahlen jeweils die Hälfte. Von Anfang Januar bis Ende

April zahlt man für die 24-Stunden-Karte nur 26 €, für die 2-Tageskarte 34 € und für die 72-Stunden-Karte 39 €.

Wenn man sich Salzburger Attraktionen innerhalb von zwei Tagen ansehen möchte und man so viel wie möglich an Sehenswürdigkeiten in dem bestimmten Zeitraum besichtigen möchte, dann macht die Salzburg Card auf jeden Fall Sinn. Wer sich allerdings den einzelnen Attraktionen länger widmen möchte, für den stellt das Angebot vermutlich eine weniger lohnenswerte Alternative dar. Zu kaufen gibt es die Karte in den meisten Hotels, an speziellen Verkaufsstellen und am Bahnhof. (Vgl. https://www.salzburg.info/de/hotels-angebote/salzburg-card)

Für einen Tag sollte man – zusätzlich zu den Eintrittspreisen für Salzburger Attraktionen – etwa 30 € pro Person einplanen. Hierbei ist der Besuch eines mittelständigen Restaurants mit einberechnet und auch ein kleines "Zusatzschmankerl" wie etwa eine Kugel Eis oder eine Mozartkugel.

TIPPS FÜR DEN KLEINEN GELDBEUTEL

Eine etwas neuartigere Idee, um Geld bei der Unterkunft zu sparen, stellt einerseits das sogenannte "Couchsurfing" dar. Couchsurfing ist eine Plattform, wo sich verschiedene Gastgeber und Reisende anmelden können, um entweder kostenlos eine Reiseunterkunft anzubieten oder um eine kostenlose Unterkunft in der Reisestadt zu suchen. Verschiedenste Menschen finden sich auf der Plattform und in der zugehörigen App: Den meisten geht es dabei um soziale Kontakte sowie neue Menschen kennenzulernen und ihnen auf ihre persönliche Weise die Stadt zeigen zu können.

Eine weitere Methode, um Geld bei der Unterkunft zu sparen, basiert auf einer ähnlichen Idee wie das Prinzip des "Couchsurfings": Hierbei geht es um Airbnb.

Bei dieser Art von Unterkunft bieten verschiedene Menschen ihre Wohnung oder Teile ihrer Wohnung zur Vermietung für eine kurze Phase an. Besonders viele Studenten nutzen diese Möglichkeit, um eine perfekte Urlaubsunterkunft zu finden. Als Vorteil dieser Plattform gelten nicht nur die finanziellen Einsparungen, welche man dadurch tätigen kann, sondern auch, dass die Auswahl an unterschiedlichen Unterkünften sehr breit ist. Ob ein Luxusappartement für einige Tage oder nur ein kleines Zimmer in einer Studenten-WG: für alle Suchenden ist etwas dabei.

Das Gute bei beiden Konzepten ist, dass man hierbei häufig viele Bilder und visuelle Eindrücke der Räumlichkeiten auf der Website findet und man die Bewertungen der einzelnen Gastgeber durch andere Reisende gut einsehen kann.

Für alle Reisende, die aber das "traditionelle" Hotel oder Gästehaus bevorzugen, empfehlen sich auch Unterkünfte, welche in einem Vorort Salzburgs liegen. Diese sind zwar häufig nicht sehr gut an das Verkehrsnetz angebunden und tendenziell auch eher schlechter zu erreichen, aber Geld kann dabei trotzdem gespart werden.

Für alle Studierenden ist der Studentenmittwoch zu empfehlen, an dem es jede Woche in verschiedensten Lokalen Salzburgs diverse Ermäßigungen gibt. Ob ein vergünstigter "Spritzer" oder ein herabgesetztes Bier – mit einem Studentenausweis bekommt man jeden Mittwoch diese Vorteile.

Allgemein gilt in Salzburg, dass man mit einem Studentenausweis generell häufig ermäßigten Eintritt in unterschiedliche Museen und in andere kulturelle Einrichtungen wie Kinos bekommt. Außerdem veranstalten die Universität und unterschiedliche Studienvertretungen während der Studienzeit verschiedene interessante Veranstaltungen wie Partys, Basare oder gemeinsame Kochabende.

Was ebenfalls viele Bars bieten, ist die klassische "Happy Hour", innerhalb derer es bestimmte Cocktails vergünstigt zu kaufen gibt. Ein Besuch innerhalb dieser Zeitspanne rentiert sich auf jeden Fall, da hier bares Geld gespart werden kann.

Ein weiterer Tipp zu dem Aufenthalt in Salzburg bezieht sich auf den Zeitpunkt, wann man den Urlaub in Salzburg verbringt. Gerade zur Festspielzeit oder auch während der Weihnachtsmarktsaison ist Salzburg beinahe überfüllt mit Touristen, was man auch an den angezogenen Preisen der Hotels und Wirtshäuser bemerkt.

Packliste

Geld & Finanzen

O (evtl.) Auslandswährung
O Bargeld
O Bauchtasche
O Brustbeutel
O Bauchtasche
O EC-Karte
O Kreditkarte
O Notfall-Telefonnummern der Banken
O Portmonee

Hygiene

O Haarbürste / Kamm
O Deo (klein)
O Shampoo
O Kulturtasche
O Sonnencreme
O Taschentücher

O Reise-Zahnbürste und Zahnpasta
O Verhütungsmittel

Kleidung

O Badeklamotten
O Gürtel
O Hosen kurz / lang
O Mütze / Cap / Hut
O Pullover
O Regenjacke
O Schlafanzug
O Socken
O Sonnenbrille
O Sportklamotten / Jogginghose
O T-Shirts
O Unterwäsche

Medikamente

O Blasenpflaster
O Anti-Durchfalltabletten
O Erste-Hilfe-Set

O Fiebertabletten
O Fiebertabletten
O Mückenschutz
O sonstige Medikamente
O Pflaster
O Kopfschmerztabletten

Unterlagen & Papiere

O ADAC Unterlagen
O Adresslisten für Postkarten
O Krankversicherungsnachweis
O Stadtplan
O Führerschein
O Unterlagen für die Unterkunft
O Wasserdichte Hülle für Reiseunterlagen
O Impfausweis
O Mietwagenunterlagen
O Personalausweis
O Reisepass
O Reisetagebuch
O evtl. Studentenausweis

O evtl. Visum
O Zug- / Bahn- / Flugticket

Taschen & Rucksäcke

O Koffer / Trolley / Reisetasche
O Regenhülle für Rucksack
O Rucksack

Schuhe

O Badeschlappen / Hausschuhe
O Schuhe und Wechselschuhe

Sonstiges

O Brille / Kontaktlinsen und Etui
O Buch zum Lesen
O Ohrenstöpsel und Schlafmaske
O Regenschirm
O Reisedecke
O Wasserflasche
O Wörterbuch

Elektronik

O Digitalkamera
O Handy
O Ladekabel
O Kopfhörer
O evtl. Steckdosenadapter
O Power-Bank

Herstellung und Verlag:
BoD – Books on Demand, Norderstedt
ISBN: 9783750487659

1. Auflage
Kontakt: Psiana eCom UG/ Berumer Str. 44/ 26844 Jemgum
Covergestaltung: Fenna Larsson
Coverfoto: depositphotos.com